Führen in Projekten

Eindimensionale Führungsstile, Reifegradmodell, Eskalationsstufenmodell, KOPV-Methode

Bibliografische Information der Deutschen Nationalbibliothek:

Die Deutsche Nationalbibliothek verzeichnet diese Publikation in der Deutschen Nationalbibliografie; detaillierte bibliografische Daten sind im Internet über http://dnb.d-nb.de abrufbar.

ISBN: 9783346473578
Dieses Buch ist auch als E-Book erhältlich.

Druck und Bindung: Books on Demand GmbH, Norderstedt Germany
Gedruckt auf säurefreiem Papier aus verantwortungsvollen Quellen

Das vorliegende Werk wurde sorgfältig erarbeitet. Dennoch übernehmen Autoren und Verlag für die Richtigkeit von Angaben, Hinweisen, Links und Ratschlägen sowie eventuelle Druckfehler keine Haftung.

Das Buch bei GRIN: https://www.grin.com/document/1059841

Einsendeaufgabe

FÜHREN IN PROJEKTEN

ALTERNATIVE A

ABGEGEBEN AM 12.07.2021

Modul: Führen In Projekten

Studiengang: Betriebswirtschaft Und Management (B.A.)

STUDIENGANG: BETRIEBSWIRTSCHAFT UND MANAGEMENT (B.A.)

INHALTSVERZEICHNIS

ABKÜRZUNGSVERZEICHNIS

bzw. = Beziehungsweise

z.B.: = zum Beispiel

lt. = laut

vgl. = vergleiche

S. = Seite/n

Ggf. = gegebenenfalls

Hrsg. = Herausgeber

KOPV = Kommunikationsorientierte Problemverlagerung

ABBILDUNGSVERZEICHNIS

Aufgabe A1

Verschiedene Projekte mit verschiedenen Personen erfordern ständig neue und differenzierte Führungsstile. Daher ist es notwendig, dass die projektleitende Persönlichkeit die Führung aller Projektmitglieder übernimmt, die nicht in den hierarchischen Linienstrukturen der jeweiligen Betriebe gängig sind. Die Führungskraft bestimmt nur über die Projektzeit und über die Projektteilnehmer. Ist das Projekt vollständig beendet, findet sich der Leiter[1] wieder in seiner üblichen Position ein. Der Tätigkeitsbereich als Projektleiter ist nicht auf die bloße Steuerung des Projektes begrenzt, sondern umfasst auch soziale Bedürfnisse, die innerhalb der Arbeit im Team aufkommen können. Dazu gehört beispielsweise Konfliktsituationen zu erkennen und entsprechend zu lösen, um die Harmonie des Teams aufrecht erhalten zu können. Diese Person legt Informations- und Kommunikationswege fest, sorgt für eine Machtbalance, regelt die persönlichen Umgänge innerhalb der Teammitglieder und beachtet Vorschläge und Interessen der Mitwirkenden.[2]

Die gängigen und meistvertretenen Führungsstile sind der autoritäre und der kooperative Stil, die beide eindimensionale Ansätze sind. Dabei liegt der bedeutende Unterschied im Umgang mit den Teammitgliedern. Beim autoritären Führungsstil gibt der Leiter Anweisungen, die unmittelbar von den Beteiligten ausgeführt werden müssen. Er befiehlt und lässt keinen Freiraum für Flexibilität und Individualität. Beim kooperativen Stil lenkt der Leiter die Gruppe lediglich und koordiniert den groben Rahmen des Projektes. Dabei stellt er sich auf dieselbe Stufe wie die Projektteilnehmer, anstatt sich über sie

---

[1] Anmerkung der Autorin: Aus Vereinfachungsgründen wir in der fortlaufenden Ausarbeitung nur von der männlichen Form gesprochen.
[2] Vgl. Walter (2014), S. 25

zu stellen.[3] Zwischen dem autoritären und den kooperativen Führungsstilen gibt es noch viele weitere abgespeckte Stile, die in der nachfolgenden Abbildung dargestellt sind.[4]

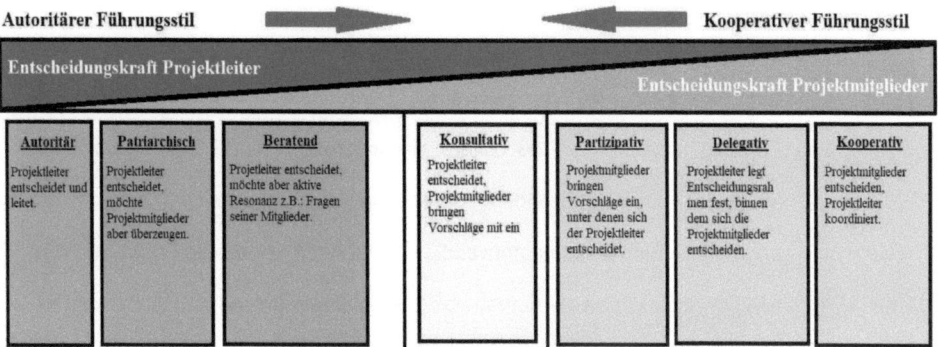

Autoritärer Führungsstil   **Kooperativer Führungsstil**

Entscheidungskraft Projektleiter

Entscheidungskraft Projektmitglieder

Autoritär	Patriarchisch	Beratend	Konsultativ	Partizipativ	Delegativ	Kooperativ
Projektleiter entscheidet und leitet.	Projektleiter entscheidet, möchte Projektmitglieder aber überzeugen.	Projetleiter entscheidet, möchte aber aktive Resonanz z.B.: Fragen seiner Mitglieder.	Projektleiter entscheidet, Projektmitglieder bringen Vorschläge mit ein	Projektmitglieder bringen Vorschläge ein, unter denen sich der Projektleiter entscheidet.	Projektleiter legt Entscheidungsrahmen fest, binnen dem sich die Projektmitglieder entscheiden.	Projektmitglieder entscheiden, Projektleiter koordiniert.

Abb.: 1: Eindimenstione Führungsstile

(Quelle: eigene Darstellung in Anlehnung an Lippold, D.: 2015, S.33)

Des weiteren gibt es verschiedene Stile zur Führung von Personal in einer mehrdimenstionalen Richtung. Hierzu gehört der autokratische, der demokratische und der Laissez-Faire-Stil. Beim autokratischen gehört es zum Leitbild, dass die sich innerhalb der Gruppe befindenden Mitglieder je eine zugewiesene Aufgabe erhalten und diese einzeln bearbeiten. Die demokratische Richtung beinhaltet Diskussionen, in welchen die Zuteilung der Aufgaben innerhalb der Gruppe besprochen und zugeteilt werden. Im Laissez-Faire-Stil nimmt sich der Projektleiter komplett aus der Zuordnung verschiedener Aufgaben heraus und lässt die Teammitglieder selbst entscheiden.[5]

---

[3] Vgl. Illig (2015), S.7-8
[4] Vgl. Walter (2014). S. 7-8
[5] Vgl. Walter (2014), S. 32

Wie bereits erläutert gibt es in beide Richtungen viele verschiedene Führungsstile, die gegeneinander abgewogen werden und unter anderem auf das Team angepasst und ausgewählt werden müssen. Hierbei kommt die Bedeutung eines situativen Führungsstiles zum Vorschein. Denn es muss in jeder Situation einzeln abgewägt werden, welcher Führungsstil zum Erfolg führt. Faktoren, die den situativen Führungsstil beeinflussen sind die Führungskompetenzen des Leiters, die Kompetenzen und Eigenschaften der Mitglieder und insbesondere deren fachliche Fähigkeiten und ob die persönliche Einbeziehung notwendig ist. Der dritte essentielle Punkt zur Wahl des Führungsstils ist die Aufgabe bzw. Problemstellung an sich. Dabei spielen Kriterien wie die Neuartigkeit, die Komplexität und die Wichtigkeit der Lösung eine entscheidende Rolle. Die Gruppenstrutkuren, die verfügbare Zeit und die organisatorische Regelungen sollten nicht außer Acht gelassen werden.[6]

Eine Führungskraft in Projekten muss sich der jeweiligen Problemstellung bewusst sein, die zugehörige Situation analysieren und sein benötigtes Führungsverhalten auswählen.

Einer der populärsten situativen Führungsstile ist der nach Hersey und Blanchard. [7] Diese sehen vor, dass die jeweilige Führungsart auf den Reifegrad der Mitarbeiter und deren Leistungsorientierung abgestimmt werden muss. Dabei unterscheide man in vier signifikanten Arten der Führung:

1.Unterweisender Stil (telling style): gleicht dem autoritären Führungsstil und weist eine hohe Leistungsorientierung aus. Diesbezüglich kommt die Mitarbeiterorientierung etwas kürzer. Die Projektmitglieder führen die

---

[6] Vgl. Thommen et al. (2020), S. 576-577
[7] Vgl. Hungenberg/Wulf (2015) S.320

Entscheidungen des Projektführers aus, haben allerdings kein Mitentscheidungsrecht

2.Partizipierender Stil (participating style): Gegensätzlich zum unterweisenden Stil, steht der partizipierende Stil mit einer hohen Mitarbeiterorientierung und einer geringeren Leistungsorientierung. Die Projektführung stellt die Problemstellung dar, für welche die Mitglieder eigenständig und demokratisch einen Lösungsweg finden. Eine Kontrolle dieser Problemlösungen seitens der leitenden Führungskraft gibt es nicht, da die Beziehung zwischen den beiden Instanzen im Vordergrund steht.

3.Verkaufender Stil (selling style): Die Mitarbeiterorientierung ist mäßig ausgeprägt, während die Leistungsorientierung hoch angesetzt ist.

4.Delegierender Stil (delegating style): Der Projektführer kontrolliert stichprobenartig und setzt keine Leistungsziele fest. Diese und die Aufgabenerfüllung werden von den Mitgliedern selbst festgelegt.

In der folgenden Darstellung wird das Zusammenspiel der Führungsstile nach Hersey und Blanchard nochmal genauer abgebildet:[8]

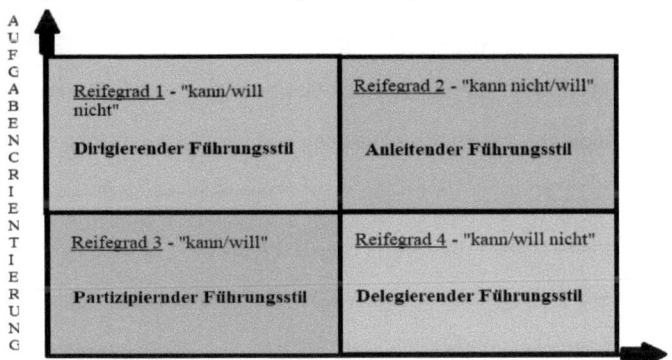

Abb.2: Reifegradmodell lt. Hersey und Blanchard

(Quelle: Eigene Darstellung in Anlehnung an Huf, S.: 2020, S.123)

---

[8] Vgl. Stock-Homburg/Groß (2019), S.555

Bei dieser Vielzahl an verschiedenen Arten ist kein Führungsstil der richtige. Dass von Situation zu Situation neu entschieden werden muss, wurde bereits genauer erläutert. Der Projektführer muss sich zwischen zwei extremen entscheiden: möchte er organisierend und strukturierend arbeiten und aktiv in das Geschehen eintreten, oder möchte er in den Hintergrund treten und die Arbeit nur beobachten und kontrollieren.

Eine organisierende und strukturierende Arbeit führt ein Projektleiter dann aus, wenn keine Individualität und wenig Kreativität gefragt sind. Es könnte zudem sein, dass ein Zeitrahmen aufgesetzt wird, welcher eingehalten werden muss. Ein klassisches Fallbeispiel hierfür ist das Einstellen eines neuen Mitarbeiters. Dieser hat im Normalfall keinen Bezug zum Unternehmen und kennt Kompetenzabgrenzungen nicht. Für ihn ist es essenziell, eine autoritäre Führung zu bekommen, um sich selbst im Betrieb einzufinden und sich orientieren zu können.[9]

In den Hintergrund tritt der Projektführer dann, wenn die eigene Meinung, Individualität und Kreativität des Mitarbeiters gefragt sind, oder er keine Führung für seine Arbeit mehr benötigt. Offensichtliche Beispiele hierfür sind Mitarbeiter, die schon seit längerer Zeit in einem Betrieb sind und in ihrer täglichen Arbeit keine Anleitung mehr benötigen. Hierfür kann der Mitarbeiter beispielsweise Anfragen und Bestellungen von seinem Vorgesetzten bekommen, dessen Preisfindung er selbstständig macht. Die stichprobenartige Kontrolle kann der Vorgesetzte im Customer-Relationship-Management ausfindig machen.[10]

---

[9] Vgl. Annette-Bettina Brinek (2021)
[10] Vgl. Annette-Bettina Brinek (2021)

Aufgabe A2

In einem Team kommen Menschen mit verschiedenen Einstellungen und Werten zueinander, welche nicht immer miteinander zu vereinbaren sind. Diese Diskrepanz kann in alltäglichen Situationen zu einem Konflikt führen. Wichtig dabei ist es, die Schwierigkeiten als normal anzusehen und offener für neue Ideen zu sein, um im Endeffekt darauf zu profitieren. Zwischenmenschliche Komplikationen sollten also im Alltag positiv angesehen, akzeptiert und als Chance genutzt werden. In den Projektkonfliktsituationen sind zwei oder mehrere Personen verwickelt, bei der sich mindestens eine Person bewusst ist, dass der Partner sie an ihrem Ziel und der Verwirklichung ihrer Ideen hindern wird. Die Reaktion der Gegenpartei sind Gefühle und Emotionen, die diese Person ebenfalls an ihrer Interessen- und Zielverfolgung hindern.[11]

Im fiktiven Beispiel kommt es zwischen zwei Projektmitglieder zu einem Konflikt, da Mitglied A strukturiert und schrittweise arbeitet, während Mitglied B impulsiv, sprunghaft und desorganisiert arbeitet. Der Konflikt zwischen den beiden. Primär würde ich als Projektleiterin in die beobachtende Rolle einsteigen, um die Phase der Eskalation einordnen zu können. Hierbei kann man nach dem Stufenmodell der Eskalation bewerten und analysieren.[12]

Stufe 1-3:

In den ersten drei Stufen der Einordnung einer Eskalation spricht man von einer Verhärtung, Debatte und von Taten. Bei einer Verhärtung wird lediglich eine gewisse Angespanntheit zwischen den Parteien festgestellt. Es könnte zu Wortwechsel gekommen sein, die die Spannung zu Verantworten haben,

---

[11] Vgl. Becker/Ebert/Pastoors (2018), S. 173-174
[12] Vgl. Glasl (1999), S. 215-286

diese haben aber das Potenzial in einem einfachen Gespräch geklärt werden zu können. Die zweite Stufe wird als <u>Debatte</u> bezeichnet. Hierbei entsteht bereits ein Konflikt bei dem sich Parteien bilden, um jeweils als mächtigere Person dazustehen. Die letzte Stufe der win-win-Situation ist die <u>Tat</u>. Es wird verfolgt und in die Tat umgesetzt, was sich in Stufe zwei gebildet hat um nicht das schwächere Mitglied zu sein und zu seinen Worten zu stehen. Es entstehen Fehlinterpretationen und das Vertrauen zu der Gegenpartie schwindet.

Stufe 4-6:

In der 4-6 Stufe spricht man von einer win-lose-Etappe, in der Koalitionen, Gesichtsverlust und Drohstrategien enthalten sind. <u>Koalitionen</u> enstehen durch einen entwickelten Kampf, der durch Verbündnisse und Klischeebildungen aufkommt. In der nächsten Stufe dem <u>Gesichtsverlust</u> wird der Gegner direkt und betrügerisch vorgeführt. Die letzte Stufe dieser Etappe ist die <u>Drohstrategie</u> in der versucht wird, den Gegner einzuschüchtern und seine Handlungsmöglichkeiten einzuschränken.

Stufe 7-9:

In der letzten Stufe der Konfliktpyramide sprich man von einer lose-lose-Situation, in der begrenzte Vernichtungsschläge, Zersplitterungen und der Abgrund auf die Parteien warten. Von <u>begrenzten Vernichtungsschlägen</u> spricht man, wenn beide Kontrahenten sich zwar einen Verlust eingestehen müssen, der mit dem geringeren Schaden jedoch als Gewinner angesehen wird. Eine weitere Phase ist die <u>Zersplitterung</u>, in der der Gegner ausgeschaltet wird um keine Steuerung mehr über das System zu haben. Sollte dies alles nicht funktioniert haben, steuern beide Parteien auf den <u>Abgrund</u> zu, in dem das Augenmerk nicht auf den eigenen Gewinn gelegt wird, sondern darauf, dass der Gegner mit dem Kampf mit in den Abgrund gezogen wird. In der nachfolgenden Darstellung wird das Stufenmodell von Glasl nochmal visuell abgebildet:[13]

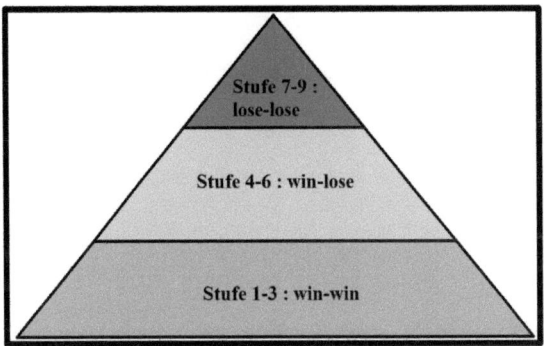

Abb.3: Eskalationsstufenmodell nach Glasl

(Quelle: Eigene Darstellung in Anlehnung an Glasl: 2010, S.216)

Nach der Eskalationseinordnung muss ich als Projektleiterin mir überlegen, welche De-Eskalationsmethoden ich anwenden möchte, um mein Projektteam zu besänftigen. Hierbei gibt es nach Glasl vier Richtungen, in die gearbeitet werden kann, die in der nachfolgenden Tabelle abgebildet sind:[14]

	De-eskalierend	Eskalierend
Präventiv	Vereinbarung von Regeln und Verhaltenstraining.	Konfrontationen mit externen Personen, um Gefühle und Emotionen aufzuarbeiten.
kurativ	Konflikt lag vor und wird nachbesprochen und analysiert.	Rollenspiele zur überspielten Aufarbeitung der Konflikte.

Tabelle 1: Interventionsmethoden

(Quelle: Eigene Darstellung in Anlehnung an Glasl: 1999, S. 292)

---

[13] Vgl. Glasl (1999), S. 216
[14] Vgl. Glasl (1999), S. 292

In der Stellung als Projektleiterin würde ich die de-eskalierende Form zuerst anwenden, in dem ich präventiv arbeite und Regelungen mit meinen Teammitgliedern ausarbeite, die gelten. So könnte eine Regel sein, dass es einen roten Faden gibt, der durch das gesamte Projekt geht und impulsive Entscheidungen und Ideen zuerst besprochen werden müssen, bevor man sie angeht, um eine grobe Struktur der Arbeit aufrechterhalten zu können.

Verhaltenstrainings sollen es den beiden Projektparteien ermöglichen, in einer Problemsituation die Fassung zu bewahren und offen über Störfaktoren zu sprechen. Daher würde ich im Nachgang auch die kurative Methodik anwenden, in dem die Konflikte die Projektmitarbeiterin A und Projektmitarbeiter B bereits hatten aufgefasst und besprochen werden. Dazu müssen beide Mitarbeiter offen sagen, welche Emotionen und Gefühlslage sie haben. Dabei wäre es mir wichtig, dass es zu keinen überemotionalen Reaktionen kommt, sondern die Diskussion auf sachlicher Ebene geführt wird. Dabei ist mir das Ziel, die Zusammenarbeit des Projektes, immer vor Augen, welches ich auch den beiden Mitarbeitern aufzeige. Um einen Konsens, also eine Lösung zu finden die für beide Mitarbeiter zufriedenstellen ist, müssen sich beide darauf einlassen.

Ich Falle dessen, dass es in Zukunft weiterhin zu Konfrontationen zwischen den beiden kommen würde, müsste ich mir externe Hilfe holen und beispielsweise durch Rollentausch-Spielen aufzeigen, wie die jeweilige Person den anderen sieht und was sie stört. Außerdem könnte dann ein Konsens eventuell nicht mehr realisiert werden, weshalb ich mir einen Kompromiss überlegen würde, der mein Team gleichermaßen in Ordnung wäre.[15]

---

[15] Vgl. Schwarz (1997), S. 240

Wenn das Projektziel durch die Konfliktsituation in Gefahr sein sollte, würde ich mir Gedanken darüber machen, beide Parteien aus meinem Projekt zu eliminieren. Dafür müssen aber vorher alle notwendigen Gespräche geführt worden sein und ich bräuchte genügend Ressourcen an Arbeitskräften, um den Ausfall ausgleichen zu können. Meine letzte Wahl wäre es, Druckmittel auszuüben, in dem ich meine Position klarstelle und den Mitgliedern zeige, dass ich entscheide, wer welche Aufgaben macht und letztendlich auch meine eigenen Regeln aufstellen müsste, die mein Projektteam dann zu verfolgen hat. Da dies allerdings die Stimmung innerhalb der Arbeit stark beeinträchtigen könnte, wäre das der letzte Ausweg für mich als Projektleiterin.

Aufgabe A3

Die Projektkrise wird nach Rosenstiel und Salewski als eine unerwartet eintreffende Begebenheit beschrieben, welche die üblichen Managementmethoden zur Bewältigung von Projektproblemen nicht klären können. Im Unterschied zu einem Konflikt, sehen die Projektmitglieder keinen Lösungsansatz für das aufgekommene Problem.[16] Zudem besteht bei einer Projektkrise die Wahrnehmung der Mitglieder, dass es aus der Situation keinen Ausweg geben wird. Bei einer Krise müssen vorher festgelegte Standards eisern und konsequent Schritt für Schritt abgearbeitet werden. Es ist wichtig, dass das Projektteam diese Standards vorher festlegt, da die Krise aus einer Eigendynamik heraus sonst zur Katastrophe wird.[17]

---

[16] Vgl. Walter (2014). S.73
[17] Vgl. Salewski/von Rosenstiel (2018), S.296

Nach Dechange wird durch eine Projektkrise der Projekterfolg erheblich gefährdet und sie stellt eine extreme Bedrohung für die Fertigstellung dar.[18] Derartige unvorhersehbare Störungen werden nicht durch interne Probleme, sondern meist durch Ereignisse außerhalb des Vorhabens ausgelöst.[19] Da die Mitwirkenden keine Lösungswege kennen, müssen Maßnahmen gefunden und eingeleitet werden, die dazu beitragen, die Krise zu bekämpfen. Im nachfolgenden werden nun zwei Beispiele genannt, die Beispiele einer Projektkrise veranschaulichen sollen:[20]

Beispiel 1: Es werden Teile durch ein im Projekt ausgearbeitetes System mit mangelhafter Qualität produziert, welche für den Auftraggeber nicht verkaufbar sind. Zudem kommen Probleme im Vertrieb dazu, sodass dieser Ausschuss zum Teil versehentlich bereits ausgeliefert wurde. Es kommt eine große Rückrufaktion auf die Firma zu.

Beispiel 2: In den meisten städtischen Bauten wird das Budget zu knapp angesetzt. Darauf entsteht eine Projektkrise, da das Projekt noch nicht fertiggestellt ist und es keine geplanten finanziellen Mittel mehr gibt.

Die oben genannten Beispiele zeichnen allerdings noch keine eindeutige Projektkrise aus, da es hierfür wichtig ist, welche Rahmenbedingungen gegeben sind. Für das zweite Beispiel könnte es sein, dass noch andere finanzielle Mittel zur Verfügung stehen und deshalb keine Krise daraus entsteht. Um die Krisensituation genau einschätzen zu können gibt es

---

[18] Vgl. Dechange (2020), S.182
[19] Vgl. Salewski/von Rosenstiel (2018), S.296
[20] Vgl. Walter (2014), S.73-74

verschiedene Kriterien. Folgende Aspekte führen zur Kennzeichnung einer

Projektkrise:[21]

- Die **objektive Unmöglichkeit** steht dafür, dass keine Lösung für das

  Problem existiert.

- Die **dispositive Unmöglichkeit** steht dafür, dass es zwar Lösungen

  gibt, diese aber unter den Rahmenbedingungen nicht angewandt

  werden können.

- Eine **fachliche Inkompetenz** steht dafür, dass es eine Problemlösung

  gibt, die nötigen Mittel zur Bewältigung jedoch fehlen.

- Die **subjektive Unmöglichkeit** steht dafür, dass es in der

  Außenansicht einen Lösungsweg gibt, der innerhalb der Projektgruppe

  jedoch nicht erkannt wird.

- Die **Management-Inkompetenz** steht dafür, dass kein angewandtes

  Handlungswissen besteht, um das aufgekommene Problem lösen zu

  können, obwohl alle Mittel dazu bereitgestellt werden könnten.

Stetig sollte das die goldene Managementregel beachtet werden, in der es wie

folgt heißt: nicht das Problem an sich ist das Problem, sondern wie damit

umgegangen wird.[22] Dahingehend ist es des Öfteren angebracht, die

Management-Inkompetenz zu erkennen und sich Beratung von

Außenstehenden einzuholen.

---

[21] Vgl. Neubauer (2010), S.11-12
[22] Vgl. Walter (2014), S. 74-75

Für die Bewältigung nach Michael Neubauer hat dieser die KOPV-Methode ausgearbeitet. Das Grundkonzept dieser Methode wird im folgenden Schaubild dargestellt:[23]

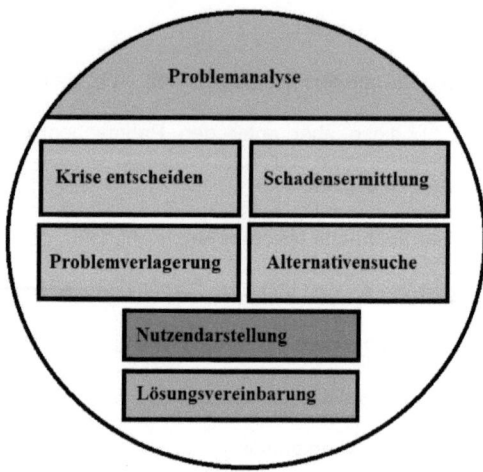

Abb.4: KOPV-Methode

(Quelle: Eigene Darstellung in Anlehnung an Neubauer, M.: 2010, S.39)

Die KOPV-Methode nach Neubauer konzentriert sich auf eine stetige Berücksichtigung von wirtschaftlichen Aspekten innerhalb der Krise, dauerhafter Austausch mit allen Projektkrisenmitgliedern, eine effektive Zielorientierung und zuletzt die überlegte Bewertung der Alternativen zur Lösung der Krise anhand der Kundenbenefits. Insgesamt kann man die Methode in sieben Schritte teilen:[24]

Schritt 1: Problemanalyse

Der erste Schritt der Krisenbewältigung ist die exakte Analyse der Problemstellung. Die wird in schriftlicher Form dokumentiert und dient zur

---

[23] Vgl. Neubauer (2010), S. 37
[24] Vgl. Walter (2014), S.76-77

besseren Nachvollziehung. Zudem wird hier eine objektive Problemstellung garantiert und rationalisiert das Geschehen.

Schritt 2: Krisenentscheidung

Schritt zwei der Krisenbewältigung ist für die psychologische Entwicklung während der Bewältigung der wohl wichtigste Schritt. Die betroffenen Personen erblicken durch die Problemanalyse die Ansätze und müssen sich damit abfinden, dass das komplette Projekt scheitern könnte. Dadurch können die Projektmitglieder bedachter im Lösungsprozess arbeiten und besser auf andere eingehen.

Schritt 3: Schadensermittlung

Innerhalb der Schadensermittlung werden (Lösungs-)Alternativen später gegeneinander abgewogen, damit die mit dem geringsten Schaden angewandt werden kann.

Schritt 4: Problemverlagerung

Die Problemverlagerung ist der wichtigste Teil der Krisenbewältigung, da die Krise auf eine höhere Ebene gelagert werden muss als bei der Entstehung um sie nicht zu verharmlosen.

Schritt 5: Alternativsuche

Durch die neu entstandene Situation müssen neue Alternativen gesucht werden, die das ursprüngliche Ziel verändern oder gar eliminieren und ein neues Bestreben mit dem geringsten Schaden herauszeigen.

Schritt 6: Nutzendarstellung

Lösungsansätze, die herausgearbeitet wurden, müssen nun mit den Mitgliedern offen kommuniziert werden. Den besten Nutzen zieht das Team aus der Lösung, die den geringsten Schadensaufwand hat.

Schritt 7: Lösungsvereinbarung

In der Praxis wird in diesem Schritt das vorher festgelegte Ziel geändert, nachdem der Lösungsweg mit den Projektbeteiligten besprochen wurde. Man spricht hier von einer verbindlichen Vereinbarung, die schriftlich festgehalten wird, um eventuell folgende Nachforderungen direkt abweisen zu können.

Wir würde ich als Projektleiterin eine Krise für den Projekterfolg überwinden?

Ich als Projektleiterin muss die Situation vorab einschätzen, Problemstellungen frühzeitig sehen und in jedem Fall immer aufmerksam für mein Projekt und meine Mitglieder sein. Dafür bin ich zum Großteil auch auf die Zusammenarbeit und konsequente Kommunikation mit meinen Projektmitgliedern angewiesen. Ich würde definitiv Einzelgespräche führen, um die Beziehung im Team zu stärken und näher auf einzelne Personen eingehen zu können. Dafür ist allerdings die Größe meines Projektteams bedeutend. Sollten unerwartete Komplikationen auftreten, möchte ich diese zunächst allein betrachten und später mit meinen Kollegen besprechen. Auch Außenstehende Personen würden mir über die Schulter schauen, um sicherstellen zu können, dass alle Lösungsmöglichkeiten gefunden wurden. Vorher muss ich selbst abgrenzen, in welcher Problemstufe wir uns befinden. Ist es bereits eine Krise oder lediglich eine kleine Hürde? Stellt sich heraus, dass es sich um eine Projektkrise handelt, muss ich so schnell wie möglich ein Krisenteam bilden und anhand der KOPV-Methode eine Lösung finden, den Schaden abgrenzen und mich demokratisch mit meinem Team für eine Alternative entscheiden. Mir ist es während der gesamten Arbeit und im Umgang mit der Krise wichtig, dass meine Teammitglieder mich als

Ansprechpartner für alle Themen sehen und wir gemeinsam eine Lösung finden.

LITERATURVERZEICHNIS

Literaturverzeichnis

Becker, J. H., Ebert, H. & Pastoors, S. (2018). *Praxishandbuch berufliche Schlüsselkompetenzen - 50 Handlungskompetenzen für Ausbildung, Studium und Beruf.* Berlin: Springer.

Dechange, A. (2020). *Projektmanagement schnell erfasst.* Berlin: Springer Gabler.

Glasl, F. (2019). *Konfliktmanagement als Führungskompetenz.* In: Fröse, M. E., Naake, B. & Arnold, M. (Hrsg.), Führung und Organisation - Neue Entwicklungen im Management der Sozial- und Gesundheitswirtschaft (S. 71-90). Wiesbaden: Springer.

Hungenberg, H. & Wulf, T. (2015). *Grundlagen der Unternehmensführung - Einführung für Bachelorstudierende* (5. Auflage). Berlin/Heidelberg: Springer Gabler.

Illig, W. (2015). *Führung bei Veränderungsprozessen - Ein innovativer Ansatz des Führungssystems der fragmentierten Wissenselemente.* Wiesbaden: Springer Gabler.

Neubauer, M. (2010). *Krisenmanagement in Projekten - Handeln, wenn Probleme eskalieren* (3. Auflage). Berlin/Heidelberg: Springer.

Salewski, W. & von Rosenstiel, L. (2018). *Management bei Risiken und Krisen in Projekten.* In: Wastian, M., Braumandl, I., von Rosenstiel, L. & West, M. A. (Hrsg.), Angewandte Psychologie für das Projektmanagement - Ein Praxisbuch für erfolgreiche Projektleitung (3. Auflage, S. 289-310). Berlin: Springer.

Schwarz, G. (1997). *Konfliktmanagement. Sechs Grundmodelle der Konfliktlösung.* Gabler. Wiesbaden

Stock-Homburg, R. & Groß, M. (2019). *Personalmanagement - Theorien - Konzepte - Instrumente* (4. Auflage). Wiesbaden: Springer Gabler.

Thommen, J.-P., Achleitner, A.-K., Gilbert, D. U., Hachmeister, D., Jarchow, S. & Kaiser, G. (2020). *Allgemeine Betriebswirtschaftslehre - Umfassende Einführung aus managementorientierter Sicht* (9. Auflage). Wiesbaden: Springer Gabler.

Walter, V. (2014). *Personal- und Wissensmanagement in Projekten* (3. Auflage). Studienbrief der SRH Fernhochschule Riedlingen.

Internetverzeichnis

Brinek, A. (2021). *Der autoritäre Führungsstil – leicht erklärt!* aus die Businesscoach. Zugriff am 08.07.2021, verfügbar unter https://diebusinesscoach.at/der-autoritaere-fuehrungsstil/

Brinek, A. (2021). *Der kooperative Führungsstil – leicht erklärt!* aus die Businesscoach. Zugriff am 08.07.2021, verfügbar unter https://diebusinesscoach.at/der-kooperative-fuehrungsstil/

BEI GRIN MACHT SICH IHR
WISSEN BEZAHLT

- Wir veröffentlichen Ihre Hausarbeit,
  Bachelor- und Masterarbeit

- Ihr eigenes eBook und Buch -
  weltweit in allen wichtigen Shops

- Verdienen Sie an jedem Verkauf

Jetzt bei www.GRIN.com hochladen
und kostenlos publizieren